HOW THE TWINS GREW UP:
MAKURIRE AKAITA MAPATYA

A collection of short stories for children/
Muunganidzwa wengano dzevana vadiki

Milutin Djurickovic

*

Kuturikirwa muChiShona:
Tendai Rinos Mwanaka

Mwanaka Media and Publishing Pvt Ltd,
Chitungwiza Zimbabwe

*

Creativity, Wisdom and Beauty

Publisher:
Mmap
Mwanaka Media and Publishing Pvt Ltd
24 Svosve Road, Zengeza 1
Chitungwiza Zimbabwe
mwanaka@yahoo.com
https//mwanakamediaandpublishing.weebly.com

Distributed in and outside N. America by African Books Collective
orders@africanbookscollective.com
www.africanbookscollective.com

ISBN: 978-0-7974-8618-8
EAN: 9780797486188

© Milutin Djurickovic
Shona translation ©Tendai Rinos Mwanaka

DISCLAIMER
All views expressed in this publication are those of the author and do not
necessarily reflect the views of *Mmap*.

TABLE OF CONTENTS

STORIES/NGANO

OUR ORIGINS AND BIRTH

My ancestors have come from a mountain village, and as years went by they moved to a town. My grandfather's name was Petar. He was young when he died of some rare and unknown disease, and left the house full of children. The oldest among them was my father, who from his early age had to take care of everything. When he grew up he married a girl from a neighboring town. After a year of a harmonious marriage, their dreams came true and they had a baby on its way.

"You should treat us now, you have a son!" My father was told at a maternity hospital.

On that day, 1st of July, he was very happy and confused at the same time.

"Of course," my father replied, on his way to buy the gifts.

In ten minutes, he came back to the maternity ward, carrying gifts to the nurse who had announced the good news to him.

"You have a son, you should treat us now!" The same woman told him with a big smile on her face.

"I know, you told me," my father answered, expressing his gratitude and presenting gifts.

"Yes, but that was the first son. There is another one!"

My father was dumbstruck and stood for a moment.

"Are you sure?" He asked, agitated.

"Of course, congratulations! You got twins, and your wife is well and recovering," she said.

Without much hesitation, my father went to fetch another gift. He felt as if he got wings. He treated everybody without exception. When he came back to the maternity ward, he addressed the very same nurse:

"Tell me; are there more kids, so I don't have to go again to bring gifts?"

Of course, the woman understood the joke and added that my father was a very lucky man, because having twins was not a small thing.

After a few days spent in the hospital, satisfied and happy, mother returned home with two sons in her arms. The whole family was excited and happy, and they were already contemplating about our names. Everyone had their own suggestions:

"Jorgos and Dimitrios," my uncle said.

"Rambo and Dumbo," added another aunt.

However, although all proposals were nice, our parents decided that our names would be Siniša and Saša. Everyone loved it; even the best man was informed. However, everything changed when our grandmother returned from spas. Since she was the eldest in the family, her word was much appreciated:

"I don't like these names, because I'm toothless and cannot pronounce them. Name them: Milutin and Milan!"

This is how the two of us finally received our names. Godfather only blessed what grandma had said, and there were no more discussions. As time was passing by, the two of us had grown side by side. They say that we were totally the same, and only our mother could recognize us by the way we were crying.

"If this is Milutin, then the other one must be Milan!"

"And what if it were the other way around?" The household members would say.

Having in mind that in those days, 40-something years ago, a twin baby pregnancy was a rarity – we had to be sealed together! They always bought us toys, food, clothes and everything else in twos. This is why there was no reason to quarrel or argue about anything. The household members say we were good and quiet babies, and we have tried to be such persons later in life.

Our grandmother loved and took care of us in a special way, because we were her first grandsons. Everybody pampered and protected us in the best possible way. The first words I uttered were not mom or dad – but granny! And my brother's first word was: money!

The first problems emerged when we started to walk. We would go to the hen-house, eat the soil from flowerpots, open the door of the washing machine and drank the water inside, stretching our cat like a slingshot, and pouring milk upon each other...

Granny always defended us, saying that we were still small.

We were always in the spotlight, no matter what kind of celebrations or guests were involved. Everyone said we brought good luck and prosperity, abundantly treating us and giving us presents, and we liked it a lot, so we would go to the neighbors even when it was not Christmas.

Our granny often used to tell us folk songs and lullabies, mammy short stories and fairy tales, and our daddy some verses, the content of which we could not best understand.

KWATAKABVA NEKWATAKAZVARIRWA

Madzitateguru edu akabva kubhuku rekumakomo, uye pakufamba kwemakore vakatamira mudhorobha. Sekuru vangu vainzi Petar. Aiva asati achembera paakafa nechirwere chisionekwi chataisaziva, uye akasiya imba izere vana. Mukuru vevana ava aiva baba vangu, uyo kubva muhudiki hwake akashandira nokuchengeta mhuri iyi. Pakakura baba vangu akaroora musikana wemuguta ratakakomberedzana naro. Kushure kwemakore maviri orufaro mumuchato, shuviro dzavo dzakazadziswa uye vaitaririra mwana.

"Munofanira kutipa matendo, maane mwanakomana!" Baba vangu vakaudzwa kuchipatara chevakazvitakura.

Muzuva iri, musi wokutanga waChikunguru akafara uye nokukatyamadzwa panguva imweyo.

"Hongu Chokwadi," Baba vangu vakabvuma vakaenda kunotsvanga chokutenda nacho.

Mushure mezvidumbu gumi zveAwa, akadzoka kuchipatara akatakuru rutendo rwake kunamukoti uyo aiva amuudza nezvenyaya yaifadza iyi.

"Maane mwanakomana, munofanira kutitenda izvozvi!" Mukadzi uya akamuudza achinyemwerera chiso chese.

"Hongu ndozviziva, mandiudza kare," Baba vangu vakamupindura norufaro nokutenda vakamupa matendo avo.

"Hongu, asi aiva matendo emwanakomana wokutanga. Pane mumwe zvakare."

Baba vangu vakapererwa nemazvi mukanwa vakaramba vakangomira kwechinguva.

"Mune Chokwadi neizvi here," akavabvunza, nokushushikana.

"Hongu, makorokoto! Mawana mapatya, uye mudzimai wenyu mutano uye varikupora," mukoti akavaudza.

Pasina kuzengurira, baba vangu vakaenda kunotsvagazve mamwe matendo. Ainzwa kunge aiva nemabapiro. Akatenda munhu wese. Paakadzoka kuchipatara, akabvunzazve mukoti uya.

"Ndiudzei, pane vamwe vana here, ndisadzokezve kunotsvaga matendo?"

Hongu Chokwadi, mukadzi uye akanzwisisa kutamba uku uye akawedzera kuti baba vangu vaiva vakomborerwa zvikuru, nokuti kuva nemapatya hachisi chinhu chidiki

Mushure memazuva mashoma muchipatara, uye vagutsikana, mai vane rufaro vakadzoka kumba nevana vavo vaviri vari mumaoko. Mhuri yese yakafara, uye vachitofunga nezvemazita okutipa:

"Jorges na Dimitrios," babamunini vangu vakatipa.

"Rambo na Dumbo," mumwe tete vakaedzera.

Asi, kunyangwe ose mazita aya aiva akanaka, vabereki vedu vakabvumirana kuti mazita edu ndi Siniša na Saša. Vose vakaafarira aya, uye samunyai vakaudzwa. Asi, zvose zvakachinja pakasvika mbuya vedu kubva kuSpas. Sezvo vaiva mukuru wemhuri yedu, mazvi avo ndivo aikosheswa:

"Handivafarire mazita ayo, nokuti handisisina meno handigoni kuvadaidza norurimi rwangu, vapei mazita aya: Milutin na Milan!"

Uku ndiko kuwana kwatakaita mazita edu nebatya rangu. Baba muchengeti wemweya yedu akangoropafadza mazita ambuya aya, uye hapana kuzova nokukakavadzana pamazita edu. Apo nguva yaifamba, tiri vaviri takakura pamwechete. Vaititi takafanana tiri munhu mumwe, kunze kwamai vedu ndivo vaiziva kuti upi ndeupi nokuda kwokuchema kwataita.

"Kana uyu ari Milutin, saka mumwe wacho ndi Milan!"

"Ko kana zviri zvimwe zvacho." Vemhuri vaibvunza.

Tichirangarira mupfungwa dzedu kuti mazuva aya, makore anopfuura mazana mana apfuura, nhumbu dzemapatya dzaiva shoma- taifanirwa kubatanidzwa pamwechete! Vaititengera zvidhori zvokutambisa, zvokudya, hembe nezvesezvese zviri zviviri zviviri. Ndosaka paisava zvikonzereso zvokuti tikakavadzane pane zvinhu. Vemhuri yose vaiti tiri vana vakanaka uye vakatiwa, uye takashingirira kuva vana ava kumberi muhupenyu hwedu.

Mbuya wedu vaitida uye vaitichengeta zvakanakisa, nokuti taiva vazukuru vavo vokutanga. Vose vemhuri vakatipambadza uye nokutidzivirira munhanho yepamusoro. Mazvi andakatanga kutaura aisava mai kana kuti baba- asi mbuya. Uye batya rangu mazvi ake akutanga aiva: mari!

Kunetsa kwedu kwakatanga patakangotanga kufamba. Taibuda toenda kumba yehuku, tichidya ivhu raiva mumapoto emaruva, tovhura gonhi remuchina wokugezesa hembe tonwa mvura yaiva mukati mayo, taidhonza katsi yedu kuita ndande, uye tichidirana nomukaka...

Mbuya vaingotirwira nokutidzivirira, vachiti tichiri vana vadiki.

Taingogara tirimumaziso evanhu, kunyangwe api mabiko okupemberera, uye vaenzi vaitifarira. Vose vaiti tinovapa zvakanaka nohupfumi, vose vaitipa rutendo nokutipa zvakawanda, uye taizvifarira zvikuru, zvokutoti taitoenda kumba kwevavakidzane vedu kunyangwe munguva isiri yekisimusi.

Mbuya vedu vainyanyotidzidzisa nziyo dzechinyakare nodzokurarisa, as amai vaitiudza nyaya uye ngano dzepasichigare, uye baba vedu vaitiudza nezvemharidzo dzaiva nedzidziso dzataisanzwisisa.

THE FIRST DAY AT KINDERGARTEN

Everybody was happy and above all excited when the time came for us to attend kindergarten. Our mammy would put small formal clothing suits and colorful ties on us, while our father was making our hairstyles by dipping comb in cold water.

"They are handsome as their daddy and smart as their father." He would say with pride and laughter.

"Are you sure?" Mom protested, "As if I didn't deliver them to this world..."

The first day at kindergarten was very formal. Everything resounded from games and songs. Usually both parents attended the kindergarten reception for a new generation of kids, but we were accompanied by the whole expedition of ten or more members, starting with our grandmother, aunts and uncles, and even our next-door neighbors!

Our family delegation occupied almost half of the kindergarten, while other guests were standing. The main teacher was amazed and kept asking:

"What didn't you bring more relatives?"

Our father did not understand the irony completely, so he kept apologizing and justifying.

"Please do not blame us, others are busy and officially absent. That's why just a few of us could be here..."

When the teacher heard this, her jaw dropped and she could not believe it. While the cameras were snapping everywhere, the kids were individually addressing the audience, reciting various poems about family love, home, happiness...

Everybody was eagerly expecting our performance. Some children had stage fright, would begin to cry, and then would rush into the arms of their parents. However, when we appeared on stage, the two of us were very confident and cool. We stood next to each other and started our choral singing:

My little blond-hair girl / You are always on my mind!

The audience was stunned! Nobody was sure what was going on. The main presenter of the program immediately reacted realizing it was an inappropriate song, not an everyday recitation for children, and she stopped our performance.

"OK. That's it, enough! Come on now, let's hear someone else!" She said nervously.

However, to everybody's surprise, the audience had found it to be cute, so they rewarded us with smiles and applauses. The program presenter was unsuccessfully trying to remove us from the stage because the two of us were still saying the verses, while the chuckles were noted among those in attendance.

"Bravo to my grandsons!" Granny yelled.

"Kisses from your father!" Exclaimed the father.

"My little dolls!" Mother comforted herself.

The program presenter was sweating; the color of her face was constantly changing while she was begging us to end our performance. However, we paid no attention to that until we came to the end and told the last line of the song we had learned.

This is how our first appearance at the "Blue Lock" kindergarten ended, and it would be remembered for a long time. For our family, it was another success in the series, but only later we would discover that the main teacher had thrown harsh criticism at my father because of the inadequacy of the song that we so bravely recited.

However, our father did not care much about that. He just smiled and winked at us. Half of the family was engaged in our going to kindergarten every day, while we expertly enjoyed the attention and benefits. It turned out later that five of them (grandmother, father, mother, aunt, uncle) were insufficient in the process of taking care of us, so they had to look further for a woman who would watch over us during the afternoon hours.

It was a fine middle-aged woman with glasses and short hair. Her name was aunt Goga, but we added an "old witch" to her name. She immediately became fond of us and accepted us with great love. She would spend all day with us, especially during weekends, playing with us, giving us foods and drinks.

However, this did not last long. It all started one winter afternoon when aunt Goga went out to the balcony to spread the laundry that had just washed. Although it was very cold outside, she went out just for a second, closing the door behind her.

There was a real blizzard on the balcony with big flakes of snow. The two of us were playing inside and at one point, spontaneously or by accident, we locked the balcony door and continued playing on our own.

Shortly afterwards, aunt Goga tried to enter from the balcony, but was stunned when she realized that the door had been locked! In the beginning she asked us in a very nice way to unlock the door, then she knocked and yelled, but when she started to freeze she was frantically scratching at the door, like a cat. During that time my brother and I were playing dominoes in a warm room, unaware of the situation the nanny had found herself in.

To be honest, we could hear her cries and yelling, but as we were carried away by the game we could not assume the seriousness of the situation that had arisen. To make things worse, we would often go to the living room where we could not hear her cries for help.

Since the balcony was on the third floor and facing the opposite side of the main street, no one could see or hear her. From time to time, we would walk into the room to see aunt Goga through the stained glass, shivering and tapping on her toes; we would wave to her and continue with our game. We did not understand her words because of the strong wind, but we were confused even more by the threatening signals by her finger and we did not know what should be done.

It lasted only a few hours, until the parents returned from work. Other family members were away paying some visits somewhere, so that the fate of aunt Goga was in God's hands. However, that was not the end to it all. Daddy was late from work, and as soon as mother arrived, she immediately entered the bathroom to remove her makeup and to wash her hands, and that meant additional thirty minutes or more.

"Where are my golden little children?" Mom said. "Have you been good again?"

"Yes, mommy!" The two of us replied at once, hugging her.

So we were embracing and greeting a few more minutes, until the mother asked:

"Why are you alone? Where's aunt Goga?"

"We do not know, mom. We were playing in the room with our toys," we replied sincerely and innocently.

Our mother put us on the ground and started to look for the nanny in other rooms. When she saw the frozen woman on the terrace, she screamed loudly and immediately unlocked the door.

"For God's sake, kids, what did you do?!" Our mother shouted.

We were watching dumbfounded, still not understanding what was going on, while aunt Goga had turned blue with cold, covered with snow and rolling her eyes and clicking her teeth, not managing to utter a single word! Mammy brought the heater and covered with blankets, the woman who was chilled to the bones. Then she cooked a chamomile tea, constantly apologizing and threatening the two of us.

"You'll see what you've done when your father comes!"

"Did you hear what your mother said?" My brother asked me.

"She didn't say that to me, but to you." I defended myself.

I do not remember precisely how the situation ended, but I know for sure that aunt Goga did not look after us afterwards and that our father paid her a recovery in a spa.

ZUVA ROKUTANGA KUKIRESHI

Vanhu vese vaifara uye kunakidzwa pakasvika nguva yokuti tiende kukireshi. Amai vedu vaitipfekedza sutu hembe dzekuchikoro netayi dzinemivara yakajeka, uku baba vedu vachitigadzirisa misoro vachinyika kamu mumvura inotonhora nokupepeta bvudzi redu nayo

"Vakanaka kunge baba vavo uye vakachenjera kunge baba vavo."
Baba vedu vaitaura norudado uye vachiseka

"Une Chokwadi nazvo here," Mai vedu vairamba. "Kunge handisina ndakavatakura nokuvasununguka…"

Zuva rokutanga kukireshi ranga rakaisvonaka. Zvinhu zvose zvaiva zvakanaka kubva kumitambo uye nziyo. Kunyanya vabereki vose vanofanirwa kunge varipo musi wokutanga wokutambirwa kukireshi, asi isu takaperekedzwa nechikamu chevanopfiuura guma nokuraudzira vemhuri, kutangira nambuya vedu, vanatete navakoma nevanun'una vababa vangu, uyezve muvakidzani aivapowo.

Ava vatumwa vekumba kwedu vakazadza chikamu chepakati chekireshi yedu, zvokutoti vamwe vevamwe vana vakazotomira kushaya pokugara. Mudzidzisi wedu mukuru akakatyamadzwa uye akaramba achibvunza.

"Maregedzereiko kuuya nevamwe hama dzenyu?"
Baba vedu vaisanzwisisa kutukirira uku, zvakadaro vakaramba vachikumbira ruregerero uye vachizvidzivirira

"Ndokumbira ruregerero musatipa mhoswa, vamwe vakabatikana uye havapo. Ndosaka vashoma vedu vagona kuva pano."

Painzwa izvi mudzidzisi wedu uyu, akashama muromo nokusabvuma zvavainge vanzwa. Apo maKamera emapikicha aingovaima kutora mipikicha emhunhu wese, vana vaitaura pamberi pevanhu, vachidetemba nhetembo dzemhuri ndakasiyana siyana dziri pamusoro perudo, misha, uye kufara…

Vanhu vose vakamirira netariro kudetemba kwedu. Vamwe vana vaitya vanhu, vobva vachema, vomhanyira mumaoko evabereki vavo. Asi patakazouya pamberi, tiri vaviri taiva neushingi uye rudadiso. Takamira padhuze mumwe nomumwe tichabva tatanga kuimba kambo kedu.

Kamusikana kangu kebvudzi ruvara rwegoridhe/ ndiwe Unogara uri mupfungwa dzangu

Vateereri vedu vakakatyamadzwa. Hapana aiziva zvainge zvavakuitika. Mukuru wechiitiko ichi akabva asimuka kutidzora apo akaona kuti rwiyo rwedu urwu rwaiva rusingaite kuvana vadiki vezera redu.

"ZVAKANAKA, zvakwana. Huyai kuno, tinzwe vamwe vana," akadaro achitya.

Asi, zvanga zvisingatarisirwi, vateereri vedu vakafarira nziyo yedu iyi, saka vakatisekerera nokufara vachitiomberera maoko. Uku muridzi wechiitiko achitambudzika kutibvisa pamberi nokuti takaramba tichiimba zvedu, apa vaiteerera vachipfikuka kuseka.

"Ngatitenda vazukuru vangu," mbuya vangu vakadadzira.

"Tsvodo kubva kuna baba venyu," baba vakazhamba

"Zviumbwa zvangu zvidikidiki," mai vakazvifadza zvavo

Mukuru wemutambo uyu aidikitira, uye ruvara rwemeso rwaingochinja apo aitikumbira kuti tipedze kuimba kwedu. Asi, isu hatina kumuteerera kudzikana tapedza rwiyo rwedu.

Uku ndiko kupera kwakaita kuonekwa kwedu pakireshi ye "Blue Lock", uye izvi zvakarangarirwa kwenguva refu. Kumhuri yedu iyi yakava kundiso imwe munedzimwe, asi nomukufamba kwenguva chete takazoziva kuti mudzidzisi vedu aiva atuka baba vedu nokuda kwokusakwana kwerwiyo rwedu rwataiva taimba nemutsindo.

Asi, baba vedu havanakubatwa nazvo. Vakangoseka zvavo ndokutichonya neziso. Chikamu chepakati chemhuri yedu chaibatsira mukugadzirira kwedu kuenda kukireshi zuva nezuva, isu apa tichifarira kutariswa zvakanaka uku nezvose zvavaitipa. Takazozviona mberi kuti vose vari vashanu, (mbuya, baba, mai, tete nomunun'una wababa) vaiva vasingatogonesese pakutichengeta, saizvozvo vakatsvaga mumwe muchengeti mukadzi uyu aititarisisa munguva yemasikati

Aiva mukadzi akaisvorurama avapakati pehupenyu hwake, aipfeka maboniboni uye nebvudzi diki. Zita rake raiva tete Goga, asi isu takawedzera rokuti, "chembere muroyi" kune rake iri. Asi iye akangotanga nokutida uye akatigamuchira norudo rukuru. Aipedza zuva rose nesu, kunyanya pakati pesvondo, achitamba nesu, achitipa zvokudya nokunwa

Asi, izvi hazvina kuenderera mberi. Zvese zvakatanga mamwe masikati wemwedzi yechando apo tete Goga vakaenda pavharanda repamusoro yemba kunoyanika hembe dzavaiva vachigeza. Kungangwe kwaitonhora sei kunze, ivo vakabuda kwechikamu chishomanana, vachivhara musuwo mumashure mavo. Pakava nemhepo huru yechando pavharanda iri, matombo echando ndokunaya. Isu tiri vaviri taitamba mumba uye neimwe nguva, kunge tafurirana asi tisina, takakiya musuwo uyu, tikaramba tichitamba zvedu tirimumba

Munguva shomanana tete Goga vakaedza kupinda mumba, vakashamisika vachiona musuwo wakakiyiwa. Mukutanga vakatikumbira zvakanaka kuti tivavhurire musuwo, vakazoita zvokugogodza nokudaidzira, asi pavaive vavekuoma nechando vaiita zvokukwenga musuwo kunge katsi. Panguva yose iya ini nebatya rangu taitamba zvedu mutambo we dominoes mukati memba maidziya, tisingazivi zvainge zvawira muchengeti vedu uyu.

Kutaura chokwadi chaicho tainzwa zvedu kuyuwira nokudaidzira, asi takatorwa pfungwa nomutambo uyu tikatadza kunzwisisa kuipa kwetsaona yaiva panze. Kutowanziridza kushatisa kwazvo, taitomboenda muimba yokutandarira tichinzwa kuyuwira kwavo vachitsvaga rubetsero.

Sevo vharanda iri repamusoro raiva mumuturikidzwa wemba wechitatu rakatarisa kune rumwe rutivi kuseri kwemugwagwa weraini redu, hapana kana mumwe akagono kuvaona kana kuvanzwa. Nguva nenguva taipinda muimba iyi yokutandarira tichitovaona tete Goga ava kunze kwehwindo, vachideedzera uye kuridza makumbo, apa tichivasimudzira rwuoko kuvabhabhaisa, toenderera mberi zvedu nomutambo wedu. Hatina kunzwisisa mazvi avo nokuda kwemhepo iyi, uye taikatyamadzwa zvakare nokutityityidzira kwavaiita neminwe yavo saka takashaya kuziva zvokuita

Izvi zvakaitika kwemaAwa mashomanana, kudzikana vabereki vadzoka kubva kubasa. Vamwe vemhuri vaiva vafamba kunoona vamwe kure, saka njodzi yakawira tete Goga yakava mumaoka amwari chete. Asi, uku kwaisava kupera kwazvo. Baba vaidzoka kubva kubasa mumashure maMai, uye mai vachangosvika, vakapinda muimba yechimbudzi kunobvisa zvizorwa zvaiva kumeso kwavo uye kunogeza maoko avo, saka izvi zvakareva imwezve nguva yechidimbu chakawandudzwa cheAwa

"Ko vana vangu zvishongedzo zvegoridhe varikupi?" mai vakadaro, "Ko mava vana vakanaka here zvakare?"

"Hongu, mai," isu tiri vaviri takadadzira pamwechete, tichivambundira

Saka taivambundira nokukwazisana kwemamwe maminutes, kudzikana mai vabvuna

"Ko nei muri mega? Ko tete Goga varikupiko?"

"Hatizivi isu mai. Taitamba zvedu mumba nemidhori yedu," takapindura tine unyoro noutsvene

Mai vakatiisa pasi uye vakatanga kutsvaga tete mune mimwe mipata yemba iyi. Pavakaona mukadzi aoma nechando pagirazi regonhi repavharanda, vakaridza mhere vakamhanya kukiyinura musuwo uyu.

"Nomuna mwari, imi vana imi maitireiko kudaro," mai wedu vakazhamba.

Isu taingotarira nokukatyamadwa, asi tisinganzwisisa zvaitika, apa tete Goga vaiva vachinja ruvara kuita rwedenga nokutonhorwa, vakafukidzwa nechando, maziso avo achikungurukira, meno avo achigwagwadza, vasingagone kana kutaura rimwe izwi zvaro. Mai vakaunza chidziyiso padhuze natete Goga vakavafukidza negumbezi, uyu mukadzi aiva aomeswa nechando kusvika kumabhonzo ake. Mai vakabika putugadike yechamomile, vachikumbira ruregerero kuna tete Gogo uye vachititytyidzira.

"Muchaona kuipa kwezvamaita pachauya baba venyu!"

"Wanzwa here zvataurwa namai vako?" Batya rangu rakandibvunza.

"Haana kutaura izvi kwandiri, asi kwauri," ini ndakazvirwira.

Handichanyatsorangarira chaizvo kupera kwakaita izvi, asi ndinoziva zvechokwadi kuti tete Goga havana kuzotichengeta futi kushure kweizvi, uye baba vedu vakavabhadhara mari yokunozorora nokusimbazve vari kuSpa

A FIELDTRIP ON THE MOUNTAIN

For us, kindergarten was fun. While the other little children had difficulties in companionship and bonding with the others, we already got used to all that. One day, our teacher Annie notified us, and then the parents over the phone, that we were going on a one day fieldtrip to the nearby mountain. Our family, who were very ready and responsible for everything, took it very seriously.

Since she had been in charge of public relations, my grandmother went around the area every day and notified all the neighbors:

"My grandchildren are going to a fieldtrip!"

"How about the other children?" They asked.

"I don`t know about the others. What`s important to me is that our twins are going!" Grandma was saying.

Because of that fieldtrip dad took a sick leave for a month and mom took a vacation. Preparation for the fieldtrip was very thorough and extensive. Even though the teacher said that everything was provided, and that in our rucksacks we should bring only sandwiches and juices, our family prepared two large suitcases with summer and winter clothes – just in case.

"They don`t know what the mountain is. The weather might get worse and then what?" Grandma said.

"The teachers are young and don't have experience so they don`t know their job," dad said.

"What am I going to do without my kids all day!?" Mom was moaning.

We were just quiet and watched the preparations going on. Everyone was working in a hurry and spinning around the house. The suitcases soon became full of our stuff, so we had to take another big travelling bag, in which we carried a few pairs of footwear-from sandals and sneakers to shoes and boots.

Although the fieldtrip lasted for just one day, in our house was such a mess and racket as if we were going to be absent for a whole year. When we finished packing, it was time for a big family speech. Every one of them had something very important to say or wanted to give some advice.

"Blow in your soup even if it`s cold," grandma was warning us.

"Don`t fight with other children, you can do that with each other," dad was saying.

"Make a difference between toothbrush and your shoe brush," mom said.

Upon parting, there were crocodile tears. While the other children cried because they were separating from their parents, with us the situation was the opposite: our family cried because we were going to spend one day without them. For the two of us it was not important, as long as something was going on.

The teacher was complaining that we carried too much unnecessary luggage, but dad didn`t pay much attention to that, so he himself pushed suitcases and the bag into the bus. Then, another problem occurred. Dad didn`t like that the bus was a double-decker.

"Sit on lower sits, because there`s no driver upstairs!" Dad advised us.

The fieldtrip to the mountain passed in nice atmosphere and companionship. We became small mountaineers; we walked through forest trails and glades, enjoying natural beauties of a great mountain. Like little ducks follow their mother duck, we were following our teacher. When time for lunch came, one big surprise was waiting for us. A bus stopped on the parking space in front of our hotel, and the members of our family came out one by one.

The first was grandma:

"Children! Hey, children!"

"Where are you, my sons? For how long we didn`t see each other?" Dad said.

"Oh, how they grew, my chickens!" Mom shouted.

Two of us were quietly watching what was going on, while the teacher was wondering in surprise:

"Why did you come? We would come back after lunch anyway..."

"How can you ask something like that!? Don`t you see that we wanted to see our children!?" Grandma said while she was hugging and kissing us in front of everyone.

After almost an hour of saying hello and talking with our family, the teacher somehow managed to separate us and take us to lunch. While other children were wondering why no one came to visit them, our grandma, dad, mom and the rest were watching us through the glass door of the hotel dining room, waving and wiping their tears.

"I`ve never seen something like this before!" The teacher said, begging them to leave us alone at least while we were eating.

We arrived from the fieldtrip before sunset. There was an indescribable celebration in our house. Grandma called an orchestra, dad prepared a big firework, mom made two nice cakes, on which it was written:

Welcome back, little mountaineers!

Since the two of us were pretty tired from the fieldtrip, we went straightaway to our bunked bed, while celebration in our house lasted until dawn.

RWENDO RWOMUSANGO PAMUSORO PEGOMO

Kunesu, kireshi yainakidza. Apo vamwe vana vadiki vaitambudzika kuwana shamwari uye wokuwirirana navo, isu taiva tatojairira. Mumwe musi, mudzidzisi wedu Annie akatizivisa, uye akaudza vabereki vedu norunhare, kuti taienda kurwendo rwomusango mugomo raiva pedyo. Vemhuri yedu ava vaiva vatogadzirira uye vakaronga zvose, vakazvitora sechiitikwa chakakosha.

Nokuti Mbuya wedu ndivo vakavamutungamiriri wekushambadza chiitikwa ichi, vakatenderera munhauraunda zuva nezuva vachiudza vavakidzani wedu

"Vazukuru vangu varikuenda kurwendo rwomusango!"

"Ko vamwe vana?" Vanhu vaibvunza

"Handizivi nezvevamwe vana. Zvakakosha ndezvekuti mapatya edu arikuenda," mbuya wangu vaivapindura

Nokuda kwerwendo urwu baba vakatora mazuva okurwara mwedzi wese kubasa, mai vakatora zororo. Kugadzirira kwerwendo kwakava nounyanzvi uye udzamu. Kunyangwe mudzidzisi wedu akati zvinhu zvose zvaiva zvagadziriswa nekireshi, uye kuti mumabhege edu erwendo taifanirwa kutakura chingwa nezvokunwira chete, asi vemhuri yedu vakagadzirira masutukesi maviri mahombe ane hembe dzechando nedzekupisa kwezhizha-kuitira ramangwana.

"Havazivi zvinoreva gomo. Kunze kunongogona kuchinja kukaipa manje vanozodii," mbuya wangu vakadaro.

"Vadzidzisi ava vana uye havana nguva yakareba vari pamabasa avo," baba wangu vakadaro.

"Ko chiiko chandichaita nevana vangu zuva rose," mai vangu vaingoyuwira.

Isu taiva takanyarara tichingotarisa kugadzirira uku. Munhu wese aishanda zvokukasikira vachitenderera mumba. Sutukesi dzedu dzikazara nezvinhu, naizvozvo takatora rimwe bhege rokufambisa naro, umu takaisa bhutsu shoma dzedu, kubva kumasanduru nemasinika kusvika kushangu nemajombu.

Kunyangwe rwendo urwu rwakapera kwezuva rimwechete, mumba medu makaita hungwandangwanda hwezvinhu zvisina kurongeka kunge taiva taenda zvegore rose.

Pakapedza kurongedzwa yakava nguva yokutaura pamwechete semhuri. Mumwe nomumwe wemhuri akataura zvaaifunga zvakakosha uye kutipa tsigiso.

"Furidzai muto wenyu kana watonhora," mbuya aingotiyeuchidza.

"Musarwe nevamwe vana, irwai imi mega," baba ndivo zvavakataura.

"Zivai siyano pakati petutiburashi nebhurashi yebhutsu," mai vakadaro.

Pakuvasiya, pakava nokusvipa misodzi yokunyengedza. Apo vamwe vana vaicherma nokusiyaniswa kwavo nevabereki vavo, asi isu zvaiva zvimwewo, vemhuri vedu vaichema nokuti taizopedza zuva iri tisinavo. Kunesu tiri vaviri, hapana chaiva chakakosha apa, kunze kwokuti zvinhu zvingoitika sezvazvaitika.

Mudzidzisi vedu aingon'unun'uta kuti taiva tine mukwende isina basa, asi baba havana kuvateerera, zvakare baba ndivo vakatakura nokukwidza mikwende iyi mubhazi, zvakarewo, imwe tsaona yakaitika. Baba vaisafarira kuti bhazi iri raiva nomutunikidzanwa.

"Garai muzvigaro zvemutunhikidzanwa wepasi nokuti mudenga hamuna muchairi," baba vakatiyambira.

Rwendo urwu rwokuenda kugomo rwakafamba mukufambidzana nokuwirirana zvakanaka. Isu takava vakwiri vemakomo vadiki, tikafamba nomutunzira tudiki twemasango uye nomuhunaku hwemabani yenyika, tichifarira zvinaku zviumbwa zvegomo guru iri. Kunge madhakisi madiki anotevera mai vavo, isu taingotevera mudzidzisi vedu. Pakasvika nguva yokudya zvemasikati, chashamiso chaiva chakatimirira. Apo bhazi rakamira pokumirira pamberi pehotera, apa vemhuri yedu vakauya mumwe nomumwe.

Wokutanga aiva mbuya:

"Vana! Imi vana!"

"Ko murikupiko vana vangu, nguva yarebesa tisina kukuonai," baba vakadaro.

"Yowe kukura kwavaita, huku dzangu!" Mai vakadaidzira.

Isu tiri vaviri takanyararira tichitarisa zvedu zvaiitika, apo mudzidzisi vedu aiva nokukahadzika nokushamisika.

"Ko mauyirei ko? Tanga tichidzoka kumba mushure mokudya zvemasikati."

"Ko mungabvunze zvakadaro sei? Hamusikuona kuti taida kuona vana vedu here," mbuya vakadaro apo vachitimbundikira nokutitsvoda pamberi pevanhu vose.

Mushure mechidimbu chokuda kusvika kuAwa tichikwazisana nokutaura nemhuri yedu, mudzidzisi wedu akazogona kutitora kubva kumhuri yedu toenda kunodya. Apo vamwe vana vaizvibvuna kuti nei vabereki vavo vaisavapowo, mbuya, baba, mai uye vamwe vese vemhuri yedu vaivapo vachititarisa nepahwindo remusiwo reimba iyi yokudyira, vachitisimudzira maoko uye vachiswimha misodzi.

"Handisati ndamboona zvakadaro zvakare." Mudzidzisi vedu akadaro, achivakumbira kuti vaende vatisiye kunyanya apo taidya.

Takazosvika kubva kurwendo urwu madeko zuva risati ravira.

Pakava nokupembera kusingatsanangurike muimba yedu. Mbuya vakadaidza vaimbi veOkesitira, baba vakapfutidza mudenga moto mukuru wefayaweki, mai vakabika makeke maviri akanaka, ayo aiva akanyorwa:

Tinokugamuchirai kudzoka kwenyu, vakwiri vegomo vadiki!

Sezvo tiri vaviri taiva taneta zvikuru mukubva kufamba kwerwendo urwu, takaenda kunorara pakarepo mumutunhikidzwa wemibhedhe wedu, apo kupemberera mumba kwakaenderera mberi kusvika mambakwedza

KIDS FROM THE NEIGHBORHOOD

Almost every day my brother and I play with our buddies on the street, in the nearby park or in the neighborhood. We gathered around one old bench, play futsal or marbles or dodge ball. Nothing could disrupt our play, not even car noise from the street. While mom makes lunch in the afternoon, dad often gets out with us to walk in the park or read newspapers on the bench.

While watching us playing one day, dad spotted a kid with long curly hair, who was playing with the girls and then kicking ball with the boys. That was funny and interesting for him because he couldn`t decide whether it was a boy or a girl. He was trying to find out somehow, expecting someone to call that kid by name. However, it didn`t happen, so dad got more interested and decided to solve that dilemma.

"Kids, listen!" Dad called us and whispered: "Try somehow to find out if that is a boy or a girl. I`m really curious about it. But try that to be thoughtful..."

"Ok, dad," brother answered.

"We will check that right away." I said and went with my brother toward our friends.

When we were just close to that kid, who alternately played with dolls and football with boys, my brother asked:

"Hey, are you a boy or a girl?"

"What?" That kid turned around, not knowing what it was about.

"Dad, it`s a girl!" I shouted loudly turning to my father, who, when he heard that, turned immediately aside and covered his face with newspapers. We didn`t quite understand that gesture of his, but we were proud that we finally solved our father's dilemma.

A discussion often went on among the boys about whose dad is the best, most respected, strongest... Every one of us had his reasons and arguments, which he would proudly point out, no matter if they were false or true. Although there was exaggerated bragging, for us, it seemed completely acceptable and usual.

"My dad is the bravest! He is so capable that he can drink water from the faucet all at once!" Said dark-skined and tall Sasha with confidence.

"That`s nothing!" Zack added. "My dad can ride for free in a taxi, without anyone noticing that!"

Chubby Tom didn`t go without a comment about his father.

"You won`t believe me, but my father is so capable that he can close a revolving door!"

"How can he do that?" We were all wondering.

My brother was listening to all that very carefully, and then said:

"Our father is the coolest, because he spends grandma`s paycheck, and she doesn`t know that!"

"But that`s not all!" I said with pride. "When he walks down the street, everyone is afraid of him. When he passes, nothing makes a move..."

So on, while our persuasion and arguments with each other lasted, we heard someone`s call for help and crying.

"Help! An Alsatian dog is released from chains!"

Not knowing what it was about, we turned toward the direction from where the voice of a frightened man was coming, moaning so loudly and calling for help. Although surprised, we didn`t get scared. On the contrary, we stayed where we were, wishing to find out what was really going on. After a few minutes of incertitude, through the trees appeared a shadow of an unknown man, rushing and waving with his hands.

"Run, kids! Here comes the big Alsatian dog!"

We were standing and watching with astonishment. As the man was getting closer, we more and more recognized the face of our frightened father, google-eyed and open armed, as he was running and climbing up a tree. Instead of the big Alsatian dog, a small white poodle appeared after him, which was so tiny that it could barely bark:

"Woof, woof!"

While other kids were laughing with pleasure at all this, the two of us watched our father with shame.

"Is this your brave dad?" They asked us mockingly.

"Yes, he is," brother said.

"No, he isn`t." I answered disappointed.

Only later, after a few hours, when the other kids went away because of the dark and the poodle finally returned to its owner, dad climbed down the tree and went to the house like nothing happened. Since then, we never talked about his bravery and fearlessness to anyone.

VANA VEMUDZIMBA DZAKATITENDEREDZA

Kazhinji kacho zuva nezuva taitamba nevamwe vana shamwari dzedu vemuraini redu, panhandare yokutandarira yemumana medu. Taiungana pamwechete pane chimwe chituru, totamba fustal, kana kuti nhodo, kana furawu. Hapana chaikanganisa kutamba uku, kunyangwe ruzha rwemota muraini medu. Apo mai vaitigadzirira kudya kwemasikati, baba vaimbobuda nesu kufamba munhandare iyi yokutandarira kana kuverenga bepanhau vakagara pachituru ichi.

Mumwe musi vachititarisa tichitamba, baba vakaona kamwe kamwana kaiva nebvudzi refu rakamonana, kaitamba nevasikana, uye kotamba bhora nevakomana. Izvi zvakavasekesa novakavafadza nokuti havana kuziva kuti vofunga kuti mukomana kana kuti musikana. Apa vaida kunzwisisa izvi, vakashuvirira kuti mumwe mwana adaidze kamwana aka nezita rako. Asi izvi hazvina kuitika, saka baba vakatorwa mwoyo nazvo vakazvisimbisa kuda kuziva izvi.

"Vana, teererai," baba vakatidaidza vakataura nezwi rechizevezeve; "Edzai zvamunogona kutsvaga kuti ako kamwana ako mukomana kana kuti musikana, ndineshuviro yokuda kuziva izvi. Asi zviitei mune uchenjeri…"

"Ehoyi, baba," Batya rangu rakadaira.

"Takunozvitsvaga izvozvi," ini ndakadaro ndikaenda nebatya rangu kune shamwari dzedu.

Tave padhuze nekamwana kaye kaitamba nezvidhori nevasikana uye bhora nevakomana, batya rangu rakabvuna:

"Iwe, uri mukomana kana kuti musikana here?"

"Watiiko?" kamwana kaya kakatendeuka, kasingazivi kuti izvi zvaiva zveiko.

"Baba, musikana uyu!" Ini ndakadaidzira nezwi repamusoro ndichitarisa kuna baba, uyo, apo akanzwa izvi, akabva atarisa rudivi nokufukidza meso ake nebepanhau. Isu hatina kunyatsonzwisisa kuti nei baba vakadaro, asi tikazvikudza nokuti taive tabatsira baba mukushushikana kwavo kuda kuziva nezvekamwana aka.

Nguva zhinji kukurukurirana kwaienderera pakati pevakomana pamusoro pokuti ndiani aiva nababa vakakoshesa uye vanoremekedwa, uye vakasimbisa... Mumwe nomumwe wedu aiva nezvikonzero uye pfungwa dzake, pamusoro pokuti ndoupi vawainongedza, kunyangwe zvaiva zvechokwadi kana kuti manyepo. Kunyangwe kwaiva nokuzvikudza kwakanyanya, asi pachedu, zvairatidzika kuva zvinogamuchirika uye zviri zvechokwadi.

"Baba vangu ndivo vakashinga kupfuura vese. Vanogonesesa nokuti vanonwa mvura kubva mutepi yose kamwechete," kamwe kamwana ketema karefu, Sasha kakadaro nechivindi.

"Hapana zviripo apo," Zack akadaro, "baba vangu vanokwiri matekisi mahara pasina anogona kuvabata."

Tom akafuta haana kuda kuenda asina zvaataura pamusoro pababa vake.

"Hamungatozvibvuma, asi baba wangu vanogonesesa zvokuti vagona kuvhara musuwo unotenderera."

"Anozviita sei izvozvo," isu tose taingonofunga

Batya rangu raingunoteerera izvi zvose zvakanyanyisa, uye akabva ati:

"Baba vedu ndivo vakakosha nokuti vanoshandisa mari yambuya uye mbuya vasingazvibate!"

"Asi hazvisizvo zvega," ini ndakadaro nokuzvikudza, "Apo baba vanofamba muraini vanhu vose vanovatya. Apo vanopfuura hapana anopfakanyika…"

Nezvimwewo zvakawanda zvandakataura, uye apo kukurukurirana nokukavadzana kwaienderera mberi, takanzwa munhu achidaidzira kukumbira rubatsiro achichema.

"Ndibatsireiwo! Imbwa yeAlsatia yasunungurwa cheni!"

Tisingazivi kuti zvaiva zviyi, takatendeukira kwaibva izwi iri romurume aityisisa achitiza achiuya kwataiva, achiwungudza nepamusoro peizwi achikumbira rubetsero. Kunyangwe taishamiswa nazvo, taisatya. Kunyangweve, isu takaramba takamira pataiva, tichishuvira kuda kuziva kuti chiiko. Mushure mezvinguva zvishomanana zvemaminetsi okusaziva, mumiti makabuda mubvuri womurume wataisaziva, achitiza uye achisimudza maoko.

"Mhanyai vana! Honai zimbwa ziguru reAlsatian iro!"

Isu taiva takamira tichitarisa nokukahadzika kukuru. Apo murume uye aiva ave padhuze, takaonesesa kuti taimuziva uye aiva baba vedu aityisisa kudai, maziso akavhurwa, maoko akavhurwa, achimhanya achikwara muti. Kunze kwokuona zimbwa zikuru reAlsatian, takaona kambwa kachena kadikidiki kapoodle kakatevera mumashure mavo, kaiva kadiki zvokutoti kaitogwauta zvishomanana

"Wufu wufu!"

Apo vamwe vana vaiseka zvavo nokufarira izvi, isu tiri vaviri taingotarisa baba nenyadzi.

"Ndivo here baba venyu vakashinga avo?" Vana vakatibvunza vachitisvoweredza.

"Hongu ndivo," batya rangu rakadaro.

"Aiva, havasi," ini ndakapindura nokubhowekana.

Chete nokuda kwokupfuura kwenguva yeAwa, apo vamwe vana vaiva vaenda nokuda kokusvipa kwekunze uye kapoodle aka kadzoka kumuridzi wako, baba vakazoburuka mumuti vakazouya kumba kunge hapana zvaive zvaitika.

Kubva izvi hatina kuzombotaura nohushingi nokusatya kwavo kune vamwe vedu.

CELEBRATION OF THE FIFTH BIRTHDAY

Our fifth birthday was not only celebrated by close and extended family, but half of the city. It was a complete national holiday.

We had yet to wear little ties and slick our hair in the way our father loves and then take photos with all the guests. There was eating and drinking to death and the music was too loud. Due to a large number of guests and their cars, traffic was completely stopped in our street and the police did not make any problems, because they knew what it was about.

In our house, it was echoing: *Happy birthday, dear twins!* It seemed to me that from that day our ears became floppier, because all of the guests pulling them, and some doing that with a smile and appetite. Our room was filled with a large number of gifts.

However, we loved pets the most. My brother got a black puppy, and I got a white kitten. They were so cute and cuddly that you could not resist. With children who had arrived at the birthday we immediately started thinking how we would call them. Brother suggested names Philip and Emy but we decided Judit for the puppy and Irina for the kitten.

When the celebration was over, it took a few days until we returned the house to its original condition. The neighbors were finally relieved of the tremendous noise and roistering.

"Thank God, it will be quiet until next year," they said.

After this birthday we spent the most time with Judit and Irina, constantly offering them something to eat or drink. Soon they grew and were already accustomed to all of us in the house. We took care of them regularly, took them out, bathed them with special shampoos and kept them from cold.

However, as they grew it was harder to keep them in the house. At first we could not understand, but after the numerous persuasions of the whole family, we somehow agreed to take our adult dog and the cat to some friends in the village.

After we grew up a bit, our mother confessed that this was done because several times – by mistake or on purpose, it is not clear yet – our father was seen eating pet food and the result was moving the dog and the cat from the house.

KUPEMBERERA ZUVA ROKUZVARWA RECHISHANU

Zuva redu rokuzvarwa remakore echishanu harina kupembererwa chete nevemhuri uye vohukama, asi nechikamu chepakati cheguta redu. Rakava zuva rokuzorora chairo.

Tainge tichafanirwa kusunga tayi kukama bvudzi zvaidiwa nababa vedu uye kutorwa mipikicha nevaenzi vedu. Kwakava nokudya nokunwa kusvika pokupedzisira uye mimhanzi yairira pamusorosoro. Nokuda kokuwanda kwevaenzi vedu uye nemota dzavo, moto munzira dzakazadza raini redu uye mapurisa haana kutinetsa nenyaya iyi, nokuti vaiziva zvaiitika.

Imba yedu yaingowungira: *Makorokoto akanaka, wadiwa mapatya!* Zvakaratidzika kwandiri kuti kubva zuva iri nzeve dzangu dzaisashanda zvakanaka, nokuda kwokuti vaenzi vose vaidzikakata, vamwe vachiita izvi vachisekerera vamwe zvichitovanakidza. Mupata wedu wakazara nemhando dzakasiyana dzematendo

Asika, isu taida mhuka dzokuchengeta maningi. Batya rangu rakawana kambwa kadiki katema, uye ini ndakawana kakatsi kachena. Mhuka idzi dzaive dzakanaka uye dzaidika zvokuti waisambodziramba. Nevana vedu ava mhuka idzi dzaiva dzauya musi wedu uyu takatanga kufungamazita atingadzipa. Batya rangu rakati todziti Philip na Emy asi takazowirirana kuti imbwa yainzi Judit uye kakatsi kainzi Irana.

Pakanga papera kumpemberera uku, zvakatora mazuvana kuti tidzosere imba zvayaiva iri. Vavakidzani vakafara pakupera ruzha rukuru urwu nokufara uku.

"Tinotenda mwari, kuchava norunyararo kusvika gore rinoteverazve," vakadaro vavakidzani.

Mushure mokupemberera uku takapedza nguva zhinji na Judit uye Irana tichiramba tichivapa zvokudya kana zvokunwa. Mushure menguva shoma vakakura uye vanga vatojairira kugara nesu tose mumba. Takavachengeta nguva nenguva, tichavatora kufamba navo panze, tichivagezesa nemishonga yakakosha tikavadzivirira kubva muchando.

Asi mukukura uku zvakanetsa kuti tivachengete pamba. Pokutanga taisanyatsonzwisisa kuti nei, asi nokuda kwokuudzwa nokushingiswa nemhuri yese, isu takazowirirana navo zvokuti titora imbwe yedu iya yakura nekatsi yedu kumaruva kuti dzinogara neshamwari dzedu.

Apo takanga tazokura zvishomanana, mai vedu vakazoreurura kuti izvi zvakaitwa nokuti munguva zhinji, nokuda kwokusaziva or kuzviitira mukuziva, hatinyatsoziva kuti zvipi- baba vedu aionekwa achidya zvokudya zvemhuka idzi saka zvakabvumiranwa kuti kuzvigadzirisa kutamisa mhuka idzi pamba.

OUR PHILOSOPHICAL DISCOVERIES

Ever since childhood, my brother and I used to philosophize and think about the world around us. During the time when other kids rolled around in sand, played tag or hide and seek, we dealt with serious readings and interpretation of life issues and problems. He was interested in natural sciences but I was more interested in social ones. Yet, we had very similar attitudes and opinions in many views. If the morning shows what the coming day will be like, it was already obvious that we would be some kind of scholars and thinkers.

My brother used to say he would study astronomy and philosophy, but our father advised him something else:

"No use of it. You better make sure to enroll at Useless school" Used to say our father, laughing, not understanding, even a little, our research curiosity.

In addition to the history and philosophy, I was interested in criminology, and dad had a special comment on it:

"You cannot enroll criminology because of your criminal childhood background!"

We didn't get angry for his apparent lack of understanding of our ambitions. On the contrary, we were even more dedicated to our scientific creativity. Not that I want to brag, but in that field we have achieved certain results, in certain philosophical theories concerning life rules and concrete advice.

In a way, as it is usually done in professional circles, we protected our inventions and views at the copyright agency. In that way we were protected from abuse or possible rewritings, as such are more and more frequent in our country and in the world.

For this occasion, I will tell a few basic phrases from our philosophical theories referring to some general problems in everyday life:

If you are lean and skinny today, you will be like that tomorrow.

Regardless of gender, religion and race, a monkey is always a monkey.

Don't believe anyone who lies to you.

Before going sleeping you are obliged to take your boots off, but glasses too.

Thorny is the path to the stars and therefore you should not go barefoot....

Our father does not have a lot of understanding for these achievements of ours, and we don't blame him. However, mama always says to leave it for a better opportunity, when she is rested and in a good mood. Only our grandma understood us to a certain degree. She claimed that we were very promising scientists who will exceed even Socrates.

Unlike the others, grandma sometimes shows interest dashing into our room to see what it is we deal with in our spare time. When she spots us among various writings and opened books, she always asks:

"Children, are you okay? Would you like something to eat or drink? Why don't you play around, like all the other kids?"

"Leave us alone, granny. We are just on the verge of great scientific discoveries which will be to the benefit to all humanity," we used to say, but she obviously could not understand it.

"And what is it about, if I may ask?"

We are considering the problem of global proportions which is the following: why is there so much salt in the sea, and no pepper at all?" We responded to her, outlining our observations and irrefutable facts.

"Those who go crazy while young, live a life full of joy," grandma said, summoning some sources that were known only to her.

For these and other reasons, we were more and more close to the final decision to study philosophy when the time comes. We were deeply convinced that we could make our contribution to the creation of a new course in this scientific field, which would be based on our assumptions and theorems.

Our friends, however, seemed to have no understanding for it, often making jokes about it all. Some said we should keep clear of bad business because there was no use of it.

Of course, we were not getting angry and understood their skepticism. Anyway, it is known that other great philosophers also faced with various resistances and misunderstandings from the social environment in which they lived and worked, so why should we be an exception.

HUDZAMU HWEPFUNGWA HWATAKAWANA

Kubva kare muhucheche hwedu, batya rangu neni tainyanyofungisisa nokuongorora nyika yakatitenderedza. Apo vamwe vana vadiki vaiwumburuka mamajecha, vachitamba kudhonzana, uye chihwandehwande, isu taiva mubishi kuverenga zvakakoshesa uye kuturikira zvoupenyu uye matambudziko. Batya rangu aifarira nezvedzidziso dzesayenze dzokuvakwa kwenyika asi ini ndaifarira zvikuru nezvemagariro evanhu. Asi taiva nokuona uye kufunga kwakada kufanana mune pfungwa zhinji. Kana rungwanana ruchiratidza kuti zuva iroro rinenge rakadii, zvaiva pachena kuti vaviri vedu tichazokura kuva vadzidzi uye nyanzwi dzokufunga.

Batya rangu aiti azova achazoverenga nezvemudenga uye zvoudzamu hwepfungwa, asi baba vedu akamaudza zvimwe zvokuita "Hapana zvaungaita neizvozvo. Unotofanirwa kutoenda kuchikoro chokusaziva kuti uite izvo," baba vedu vaidaro, vachiseka, vasinganzwisise, kunyagwe zvisomanana, fungidziro dzetsvakiridzo dzedu idzi.

Pamwechete nezvechinyakare uye zvoudzamu hwepfungwa izvi, ini ndaifarirazve zvekuongoro mhosva, uye baba vedu vaiva nemufungiro wavo wega pamusoro peizvi.

"Haungaende kuchikoro chokutsvaga mhoswa iwe waiva mupari wemhoswa paucheche hwako!"

Hatina kugumbuka nokushaika kwokusanzwisisa kwezvataida kwababa vedu. Asi kutoti, takatonyatsoshingirira kuzvipa kugadzira zvitsva kwesayenze. Haikona nokuti ndoda kudada nazvo, asi mundima idzi takawana zvakawanda zvatakagona kunyanya zveudzamu hwepfungwa dzehupenyu uye kupana yambiro.

Mune imwe nzira, sokuita kwazvinoitwa nanamuzvinafundo, takachengetedza zvakagadzirwa nepfungwa dzedu kubazi remacopywrights. Mukuita uku takazvidzivirira kubva kushungurudzwa nokubiwa kwezvinyorwa zvedu, sezvo kubiwa kwepfungwa uku kwawanda munyika yedu uye pasi rose.

Munguva ino, ndichakuudzai zvishomanana zvemaonero epfungwa dzedu zvinomamiriro ezvinotishungurudza zuva nezuva muhupenyu hwedu.

Kana wakaonda nokutetepa nhasi, mangwana uchange wakadarozve
Kunyangova nokuda kwohukadzi kanahurume, chitendero uye rudzi, tsoko achingoramba iri tsoko
Usavimba nomhunhu anonyepa kwauri
Usati waenda kunorara unokararirwa kubvisa majombo ako, uye nemaboniboni
Kuva neminzwa ndiyo nzira yokuenda kunyenyedzi saka haufanirwi kuendako usina kupfeka shangu...

Baba vedu havana udzamu hworuzivo rwezvatakagona kuita izvi, uye hativashore. Asi, mai vanongoti tivamirire nguva yakanaka vazorora uye vari kufara. Kusara kwambuya vedu ndivo vanonzwisisa zvishomanana. Vaiti tiri kuratidza kuti tichabudirira muhunyanzwi hwesayenze kutopfuura Socrates.

Vachiratidza kusiyana nevamwe, mbuya vedu vaitomboratidza kufarira izvi vachiuya muimba yedu kuti vaona kuti taiitei munguva iyi yataiva tisina zvokuita. Pavaitiona tiripakati pezvinyorwa zvakawanda zvakavhurwa, vaitibvunza:

"Vana, zvinhu zvose zvakanaka here? Hamudi here chokudya kana kunwa? Nei musingaende kunotamba kunze nevamwe vana?"

43

"Tisiyei takadaro mbuya. Taapadhuze dhuze pokuwana mawonero matsva esayenze zvichabatsira vanhu vose pasi rose," taidaro asi ivo vaisatinzwisisa kuti nei taisaenda kunotamba nevamwe vana.

"Ko ndezveyiko, kana muchindibvumira kubvunza.

"Tirikutsvaga zvokugadzirisa njodzi yakaomera pasi rese: nei kwaane sauti yakawandisa munyanza, apa kusina mhiripiriwo," takavapindura, tichavaratidza zviongororwa zvedu uye chokwadi chedu.

"Avo vanopenga vari vana vadiki, vanoorarama hupenyu huzere mifaro," mbuya vaidaro, vachiwana izvi kubva kudzidziso dzavaiziva vega.

Nokuda kweizvi nezvimwewo, takaramba tichingoswendera pedyo nepfungwa yokupedzisira yokuti taizofanirwa kudzidza zvepfungwa. Takava nokubvuma muhana dzedu kuti taizobatsira nyika nebasa redu iri rokutsvaga nzira itsvwa muzvidzidzo zvesayenze, izvo zvaitsigiswa nokufungidzira kwedu uye pfungwa dzedu.

Asi zvakare, shamwari dzedu, dzakava nokusanzwisisa izvi, vachitiseka. Vamwe vakatiti tisiyane nebasa risina mazvo repfunngwa iri sezvo raisava neanorida.

Hongu zvavo, hatina kuvanehasha nazvo uye takanzwisisa kusatendera kwaiva neshamwari dzedu. Kunyangwezvo, zvinozivikanwa kuti nyanzwi dzezvekufunga dzimwe dzakasangana nokusatenderwa uye kusanzwisiswa munguva yavo yavakararama nokushanda, saka kana nesu taisafanirwa kushairwa kusanzwisiswa uku.

UNUSUAL CHESS EXPERIENCES

The fifth and sixth grade was particularly interesting for us, because we had gotten a few new teachers which was quite a refreshing change. One of them, a substitute for the geography teacher, was quite an absent-minded and forgetful man. We didn't misuse that character trait of his, although at times, funny situations would occur.

One morning several of us were due to answer questions in front of the class. Before me he was questioning a few other students, whose knowledge was more or less good.

Then it was my turn. His question was about something I didn't study or brush up upon, so I remained silent the whole time, not wanting to embarrass myself and convinced I'd be slammed with an F. As I stood there silent like a fish, he was gazing through the window, leaning on his elbows with his mind wandering god knows where. He roused only after several minutes and said:

"Your last answer was a bit off so I can't give you more than a B…"

I went mute, unable to believe what was happening. I was not hoping for that and was overjoyed with the unexpected outcome. But my brother made sure it didn't end there.

"Teacher, why not give him an A anyway, he did know most of the questions? Bring some happiness to the poor guy, it's New Year! You're a good man and he's an alright boy…"

"Alright, have it your way. Although I don't know why you're pushing for it so hard, it's not as if he's your brother!" The teacher said and gave me an A. The classroom echoed with a sudden burst of laughter and applause.

"He earned it, without a doubt! You can tell he studied! Congratulations", they said.

That was the first and last time I had received a mark that I did not earn. Even though we were very much alike, there was no need for one to study for both of us. As we grew older, so too did our differences and we began to wear different clothing. And so anyone could easily tell us apart.

At that time, father was teaching us chess, so he played with us almost every day. He was patient at it, and we had exhibited a great deal of interest for this ancient game. Since we were beginners, he would easily defeat us and would also point out any mistakes we made during decisive moves.

However, as time moved on, we were getting better and more skilled, at times even managing to get to a stalemate. Father didn't care who won, he only insisted that we adhere to the rules and not withdraw our moves.

We gained some experience in the chess club, and we also had some manuals which were of great use to us. After several months of regular play both with each other and other people, we gained a great deal of confidence in our skills, so we scheduled some more matches with father.

While our grandmother and mother were sitting in the other room watching some movie, father and I were setting up the chessboard in the kitchen. My brother was to be the judge and observer, even though he was heartily cheering for me, of course.

Father was relaxed and playing casually, probably thinking he would wipe the floor with me. But bit by bit, I won my first game. He was pleasantly surprised and said:

"Well, that was a long time coming…"

The second game lasted far longer. I was sure of myself again whereas father was getting nervous and started to put more effort into the game. My brother was silently watching on the side and whenever one of my pieces was in danger he'd fake a cough.

I barely managed to get a stalemate, which meant a lot to me in gaining confidence. The third game was the deciding one, and already at the start father gained a huge advantage. Realizing I was about to lose, my brother went into the other room and told mother:

"Come see father losing and withdrawing his moves!"

Mother doesn't know anything about chess, but she did believe him and immediately started castigating father.

"If you can't be a good sport and take a loss, then don't play. A seasoned player withdrawing moves. You ought to be ashamed!"

"What the hell are you talking about?" Father asked.

As they bickered, my brother took the opportunity to hide one of father's pieces. The match soon resumed, but now I had the advantage. I made full use of it and father soon admitted defeat.

To this day I do not know how he failed to notice, or perhaps he was just pretending in order to make the game more uncertain.

Either way, all three of us were victorious.

CHISIONEKWI KUDZIDZIRA MUTAMBO WECHESI

Mugwaro rechishanu neretanhatu rekudzidza raiva rinofadza kazvo kwatiri, nokuti takawana vamwe vadzidzisa vatsva zvakava zvinodekadza kwavo. Umwe wacho, akatsiva vezvidzidzo zvepasi rino, aiva aikanganwa zvikuru. Hatina kushandisa hunhu hwake uhwu, kunyangwe dzimwe nguva, zvinonakidza zvaiitika nokuda kwake.

Mamwe mangwanani tiri vakatiwandeyi taifanirwa kupindura mibvunzo pamberi pekirasi. Pamberi pangu vaifanirwa kubvunza vamwe vana, vaiva noruzivo rwuri nani.

Nguva yangu ichibva yasvika. Mubvuno wake waiva wezvandainge ndisina kuverenga uye kupenengura, saka ndakaramba ndinyerere nguva yose yavaindibvunza, ndichinyara kuzvinyadzisa uye ndikava nokuziva kuti ndaiva ndafoira negwaro raF chairo. Pandaiva ndakamira paye ndakapusa kunge hove, vaitarira panze nepahwindo, vakatsendemara papfudzi ravo pfungwa dzakarasikira kuenda kusingatozivikwanwi chete namwari. Vakapepuka kubva mundangariro kushure kwechinguvana vachibva vati.

"Mhinduro dzako dzokupedzisira dzaiva nokurasika zvishoma saka handingakupe rugwaro runopfuura B…"

Ndakaita chimumumu, kusanzwisisa zvaitika. Ndaisakararira izvi uye ndakava nokufara nezvisingafungidzirike izvi. Asi batya rangu harina kuda kuti zviperere ipapo.

"Mudzidzisi, maregedzereiko kumupa A, inga anga achiziva mhinduro dzose. Mupei kufara mukomana uyu, igore idzwa iri. Muri munhu akanaka uye mukomana akanaka uyu…"

"Hongu chokwadi, ngazviite sokuda kwako. Kunyangwe ndisinganzwisise kuti nei uchishingirira, haasi mukoma kana munun'una wako," mudzidzisi akadaro achibva andipa A. Kirasi yese yakazhamba nokuseka nokuombera maoko.

"Zvechokwadi azvishandira izvi, kusina kufungidzirira. Unotonyatsoona kuti akaverenga kwavo. Makorokoto!" Vose vakadaro.

Iyi yakava nguva yokutanga nokupedzisira yandakawana zvandisina kushandira. Kunyangwe taiva takafanana zvakanyanya, asi paisava nebasa rokuti mumwe averengere mumwe, uye taiva takasiyina, mukukura kwedu takatanga kupfeka zvakasiyana. Saka vanhu vaigona kuziva kuti upi ndoupi.

Munguva iyi baba vaitidzidzisa mutambo wezvidhori wechesi, saka vaitamba nesu kutoti zuva nezuva. Vakava nomwoyo murefu pazviri, uye takaratidza kufarira mutambo wavo uyu wepasichigare. Sezvo tanga tichirikutanga, vaitikunda vachitiratidza pataive takanganisa patafambisa zvidhori zvedu.

Asi, nokuda kwokufamba kwenguva, takaramba tichikwiririra mukuziva kwedu nounyanzwi hwedu, dzimwe nguva kutowana dhirowo. Baba vaisava nebasa nokuti ndiani ahwina, vaingoda kuti titeedzere mitemo uye kusadzoro zvidhori zvatafambisa.

Takava noumhizha umwe pataitamba tiri muungano remutambo wechesi, uye taiva nemabhuku aitidzidzisa zvemutambo uyuzve akava akatibatsira zvikuru. Mushure mamwedzi yakati wandei tichitamba zuva nezuva ini namukoma wangu pamwe dzimwe nguva nevamwewo, takawana hushingi hukuru kubva muhunyanzwi hwedu, saka takakumbira mimwe mitambo nababa vedu.

Apo mbuya namai vedu vaiva vari muimba yokutandarira vakamiriri mufananiso wemuchidzimudzangara, baba neni takagadzirira nhandare yechesi tiri muimba yokubikira. Batya rangu ndiye aiva mutongi uye muongorori, kunyangwa zvake aitondikurudzira zvake. Baba vaiva vakadekera vachitamba zvisina kufunga maningi, vachifunga kuti vachangondizvambaradza pasi ndokutswaira pasi neni. Asi zvishoma nezvishoma, ndakakunda mumutambo wangu wokutanga. Vakava nokukatyamadzwa kwokufara vakati:

"Hekani, zvakatora nguva kuti musvike apa…"

Mutambo wechipira wakatora nguva refu. Ndaivimba muneni uye baba vaive vavekunditya vakatanga kuisa shungu mumutambo uyu. Batya rangu raitarisa rinyerere parutivi uye pose paiva nechidhori changu munjodzi aikosorera kakosoro kechitsotsi.

Ndakazongogona nepadiki kuwana dhirowo, izvi zvikava zvakakosha kwandiri. Mutambo wechitatu waiva wokupedzisira, uye pokutangisisa kwavo baba vakawana kundiso hombe. Achiona kuti ndava kuda kukandwa, batya rangu rakaenda kune imwe imba uye akaudza mai.

"Huyai muone baba vachikundwa uye vachiramwa mutambo!"

Mai vaisaziva chii zvacho pamusoro pechesi, asi vakatendera batya rangu vachibva vatanga kutukirira baba.

"Kana usingagone kuva mutambi anehunhu anobvuma kana akundwa, usatambezve mutambo uyu. Mutambi ane hunyanzwi kuramwa mutambo. Unofanirwa kuva nenyadzi."

"Ko igehena ripiko rauri kutaura nezvaro?" Baba vakadaro.

Apo vainetsana nokukavadzana batya rangu rakatora mukana uyu kwakuhwandisa chimwe chidhori chababa. Mushure mezvo mutambo wakaendereramberi, asi ndaive ndave nerukundiso. Ndakashandisi rukundiso urwu uye mushure mezvo baba vakabvuma kuti ndavakunda.

Kusvika nhasi handizivi sei vasati vabata kuti ndakavabirira kana kuti vakangonyepedzera zvavo kukundwa uku kuti mutambo uve uchinakidza vose havo.

Tese tiri vatatu takava vakundi mumutambo uyu.

GRANDMA RETURNS FROM HOSPITAL

"Hey people, here I am!" Said grandma nervously while entering the room.

We looked at her with disbelief because on that very morning she had ended up at the hospital because of the deteriorating health.

"My doctor told me I only had 20-something years of life left. I could eat and drink as much as I want, but he advised me to refrain from driving my car and to cut down on running," says grandma, putting her belongings to the same old place.

"Just 20? That's too little." Said my father wonder-struck.

"Oh my God, are you there? Where did we go wrong?" My mother asked.

"It's not that bad grandma, having in mind that you are exactly 80 years old now." I said.

"I know that very well, my child. But, that's not the point. One hundred years is the bottom line in our family. We are not only very smart, but also long-lived. That's what our horoscopes indicate, as long as anyone could remember. At the moment, I'm worried about how are you going to do without me in 20 years. Who would turn on the washing machine? Who would feed the fish in the aquarium? Who would argue with neighbors?" Grandma answered, emphasizing that she especially appreciated the fact that we couldn't live without her for a second.

It seemed that the grandma's unplanned return from the hospital disrupted everything. We got used to silence, quietness and being alone, and then a surprising arrival of the commander-in-chief ruined that idyll. My dad was taken aback by this and my mother volunteered to go to the hospital instead of grandma, even though she was completely healthy. However, they would not accept her just like that.

My dad told us to be patient for the next 20 years and that it would pass quickly. Mother mentioned someone called Methuselah, but my father said he did not know him. Grandma immediately continued from where she had stopped and we all by turn submitted our daily reports on developments in the house while she was absent.

Our parents had the role of direct executors, while my brother and I were observers and, if necessary, clerks. Everything went well and nobody complained and even if somebody did, everything would still be the same. All in all, we were an extremely harmonious family. A lot of people envied us on that and some of our neighbors would say that it was not easy to endure and that our mom deserved a medal. The two of us did not quite understand all that although we had nothing against our diligent mom being rewarded.

That same night we went together to visit old friends of ours who were throwing a celebration, with many guests and children. We were given a very warm reception and our grandma was seated at the head of a huge table. A middle-aged lady was sitting just across her and she was looking closely to us and was full of questions for us.

"Who is older of you two? Do you have any girls? Are you good at school?" She wanted to know everything, one after the other.

When asked if we liked more dad or mom, our grandma voluntarily came forward to answer the question, emphasizing that she always came first to all of us and that it could not be compared to anything else!

However, it seemed that the lady was not satisfied with the answer and just kept on asking all sorts of questions as if we were little babies. She obviously didn't have any bad intentions; the more appropriate excuse would be to say that she did it out of boredom. At that moment grandma had enough of it.

"What is wrong with you today? Leave those kids alone, they can't eat because of you!"

The lady's face suddenly blushed and she became silent. It seemed as if she went through the floor out of shame while we felt a major relief. Dad was sitting near and he quietly commented:

"Grandma, you're the boss…"

My mother turned her head to the other side as if she was not with us. I couldn't tell how she felt, but it could be assumed.

After all, the celebration was not interrupted, and then we attacked the food.

MBUYA VEDU VANODZOKA KUBVA KUCHIPATARA

"Shewe vanhuwe, ndini ndiripano," vakadaro mbuya venekakutya vachipinda mumba.

Takavatarisa nokuva nokukatyamadzwa nokuti mangwanani iwayo vanga vaenda kuchipatara nokuda kwohutana hwaiva vaderera.

"Chiremba vangu andiudza ndichine makore anopfuura makumi maviri okurarama. Uye ndinogona kudya kana kunwa zvose zvandinoda, asi vandikuridzira kusazvichaira ndega mumota yangu uye kuti ndisanyanyomhanya maningi," vakadaro mbuya, vachiisa zvinhu zvavo panzwimbo yavo yakare.

"Makumi maviri chete. Mashoma makore aya," vakadaro baba vangu vakabatwa nokushamisika.

"Yowe mwari wangu, muri mupenyu here. Ndepapi patakarasika," mai vangu vakabvunza.

"Hazvina kana kushata Mbuya, uye muchiziva kuti mune makore makumi masere kare," ndakadaro.

"Ndozvizivisa zvangu mwanangu. Asi, haisiyo nyaya. Makore aya ndivo mashoma mumba medu. Hatina kuchenjera chete asi kuti tinorarama kwamakore akawanda. Ndizvo zvairatidza ringiriso yedu mumakore kubva kare nakare. Munguva ino, ndine kutya kuti muchararama sei musisina ini mumakore makumi maviri arikutevera. Ndiani achazobatidza muchina wokugezesa hembe. Ndiani achapa chokudya kuhove dziri muTanga. Ndiani achakakavadzana navavakidzani vedu," mbuya vakapindura vachisimbisa zvikuru kukosha kwavo kwatichazotambudzika kurarama tisisinavo.

Zvakaratidzika kuti kudoka kwambuya kubva kuchipatara kwakakanganisa zvese. Tainge tajairira kugara murunyararo nokunyarara uye tiri tege uye kusvika kwamambo mukuru wechiuto vasina kutizivisa kwakakangasina kugadzikana kwedu. Baba vakadzoserwa shure neizvi, uye mai vangu vakakumbira kuenda ivo kunogara kuchipara panzwimbo pambuya. Kunyangwe zvavo vaiva mutano. Asi hapana aizovatambira nokuvabvumidza muchipatara ichi.

Baba vedu vakatishingisa kuti tave nomwoyo murefu makore makumi maviri anotevera uye kuti zvaizopfuura mushure menguva shomanana. Mai vakatiudza nezvemumwe ainzi Methuselah, asi baba vakati vaisamuziva uyu. Mbuya vakaenderera paye pavaiva vasiyira uye isu tose takavapa nhoroondo dzezuva nezuva dzaitika pamba pedu panguva yavaiva vari kuchipatara.

Vabereki vaiva nebasa rokuva vatungamiriri nevaiti vemabasa, ipapo ini nebatya rangu taiva vaongorori uye, kana zvichikodzera, taiva vachengetedzi vemabhuku ebasa. Zvose zvakaendeka uye hakuna akapikisa, uye nyangwe vaipikisa, zvinhu zvaingoramba zvakadaro. Munezvese taiva mhuri yakabatana ine ruwadzano. Vanhu vose vakatichiwa uye vamwe vavakidzani vakarumbidza mai vachiti zvaisava nyore uye mai vedu vaifanirwa kuwana menduru. Isu tiri vaviri taisazvinzwisisa izvi kunyangwe zvedu taisava nebasa nokuti mai vedu vawane menduru.

Muhusiku hwakarehwo takaenda kunoona shamwari dzedu dzekare vaiva nemabiko, uye vanhu vazhinji nevana vazhinji. Takatambirwa zvakanaka uye mbuya vedu vakapihwa chituru chepamberi patafura hombe. Mumwe mukadzi aiva ati kurei aiva akagara mhiri kwedu achitinan'anidza uye aiva nomibvuno yakawandisa.

"Ndiani mukuru pakati penyu? Mune vasikana here? Munogona kuchikoro here?" Aida kuziva zvose, mubvunzo mumwe nomumwe.

Patakabvunzwa kuti ndeupi wataida kupfuura mumwe baba kana kuti mai, mbuya vedu vakaipindira vakapindura mubvunzo vasina kukumbirwa, vakakoshesesa kuti ivo ndivo vakakosha uye vanodiwa pokutanga uye vaisambofananidzwa naani wose.

Asi zvakaratidzika muchembere uyu aiva asina kugutsikana nemhinduro yambuya iyi uye akaramba achitibvunza mimwe mibvunzo yakawanda kunge aitaura netuvana tudiki. Zvechokwadi aisava nezvakashata zvaaitsvaga, tingangoti aizviita nokuda kwokusafara. Apa mbuya vakanga vatoneta naye muchemberi uyu.

"Chii chirikukunetsa nhasi. Siya vana avo, vakutotadza kudya nokuda kwako."

Muchembere uyu akanyara akabva anyarara. Zvakaita kunge aiva anyuta muruvare rwemba nokunyara isu takava nokusun4nguka. Baba vaiva vakagara padhuze vakati:

"Mbuya, ndimi mambo..."

Mai vakatenderedza meso avo kune rumwe rutivi vakaita sevaisavapo apo. Ndakatada kuziva zvavaifunga, asi ndakangofungidzira

Mushure meizvi mabiko haana kukanganiswa, uye takarova zvokudya.

GRANDMOTHER AND HER MARRIAGE

Even though she has already deeply stepped into the 80-ies, our grandmother is still active, and thanks God, of relatively preserved health. She always takes care of herself and we are trying to pay special attention to her. We satisfy her whims in various ways and obey in everything. Of course, she doesn't misuse that, but actually knows how to appreciate it and returns the favor. We get on well with our grandmother, because generally it's always as she says.

"What's wrong with her today?" My father wonders. "It doesn't look like her." My mother adds.

Grandma has her own companions and lady friends; she visits and socializes with them. One day, early in the morning, grandma was really dressed up, had prepared coffee for all of us and brought us together at the table, to tell us something important.

"I'm getting married!" She said briefly and clearly.

Father choked while we silently looked at each other.

"How come?" My father asked in disbelief.

"You'd be a beautiful bride!" My mother said enthusiastically.

"Will you have kids?" The two of us asked.

However, grandma was very serious and she said that her decision was final and irrevocable. She wanted to spend the rest of her life with someone in socializing and mutual respect.

"I'm very glad you'd be happy with someone, but I'm sad because you're leaving us." My mother said.

"I will not go anywhere." Grandma answered. "He would come to live with us!"

My father choked again, but this time it was much stronger and more serious. He started to roll his eyes as he could hardly believe what he had just heard.

"No good could come in speeding up things. Please, don't hurry with such decisions." My father was somehow trying to convince grandma.

My mother expressed her wish to meet the grandmother's chosen bridegroom, and my grandmother said that he was a very nice and caring old man, a long time agricultural engineer who had retired thirty years ago and was a little older than her.

"And how nice his parents are!" Grandma said proudly. "They are the genuine aristocratic family!"

"His parents are alive?" My father wondered.

"Of course they are, but his grandfather is a little ill." Grandma replied calmly.

That was the moment when some things were less clear to us, but it was obvious that grandmother had fallen in love, and that she would not give up easily. However, she said that she had some problems with her future husband because his parents would not allow him to get married.

"Why don't they allow him?" We asked.

"Well, they say he is still young and immature for marriage." Grandma said, making sad faces.

"They are absolutely right!" My mother added. "Why do you need that toddler of 80 years! You deserve a better and more promising husband…"

Our grandma was undecided for a little, realizing that there was truth in our well-intended advices. She spoke with my mother and father for a long time and they somehow managed to convince her that this was not the right opportunity for her and that she should hope for something else and much better. In the end, the grandma concluded:

"If I don't get married in the next twenty years, then I'll give it up completely. I can choose, that is quite true, but there is no need to rush. To me, you take the first place and I don't need anybody else! By the way, if he's worth of something, he would be married by now…"

"That's right." My father said satisfied, heaving a sigh of the immense excitement.

"The benefit of him would be just like male goat's milk." My mother said.

Grandmother's decision to withdraw from marrying was welcomed with great satisfaction and obvious joy; although that day she made quite a stir with it. Because, really, what's the rush?

MBUYA UYE NEWANANO YAVO

Kunyangwe zvavo vaiva vapinda makore makumi masere, mbuya vedu vaiva vakachasimba, uye nokuda kwamwari, uye nehutano hwakanaka. Vaizvibata zvakanaka uye isu taiyedza kuvachengeta. Taita zvose zvavaida uye kuvateerera mune zvose. Zvechokwadi havana kuzvishandisa zvakashata uye vainyatsoziva kukosha kwazvo uye vakatipawo zvakanaka. Takagara tese zvakanaka nambuya vedu nokuda kwokuti taita zvavaitaura.

"Ko chiiko chirikuvanetsa nhasi," baba vakabvunza, "Hazvisikuratidzika kunge ndivo," mai vakadaro.

Mbuya vane shamwari dzavo dzichikadzi dzavanoenda kunoona nokutamba navo. Rimwe zuva, murungwanani rungwanani, mbuya vainge vanyatsopfeka zvakanaka, vatogadzirira kunwa kwedu kwekofi isu tose vakatiunganidza patafura, kuti vatiudze zvakakosha:

"Ndiri kuroorwa," vakadaro munguva shomanana uye vakadaidzira.

Baba vakadzipwa apa isu takatarisana takanyarara.

"Ko zvabva kupi," baba vangu vakabvunza nokukatyamadzwa.

"Muchava muroora akanaka," mai vangu vakadaro vachifara zvavo.

"Muchaita vana here," isu tiri vaviri takabvunza.

Asi mbuya vaiva vachirevesa vakati iyi ndiyo yaiva pfungwa yavo yokupedzisira uye hapana aizovachinjisa izvi. Vaida kupedza upenyu hwawo hwasara nomurume muwanano newirirano.

"Ndinofara kuti muchafara zvikuru nomurume asi ndine kurwadzikana kuti muchatisiya tega," mai vakadaro.

"Hapana kwandiri kuenda," mbuya vakapindura, "murumwe wangu achauya pano kuzogara nesu."

Baba vakadzipwazve, uye nguva ino vakanyanyodzipiswa. Vakatanga kukungurukira maziso kuratidza vaisanzwisisa zvavaiva vanzwa.

"Hapana zvakanaka zviripo pakukurumidza kuita izvi, saka ndokumbira musakasikire kuita izvi." Baba vakaedzesera kuti mbuya vabvume izvi.

Mai vakati vaida kuona murume uyu mutswa wambuya, uye mbuya vakati uyu aiva murume akanaka zvikuru uye murume aizvibata zvakanaka, aiva nyanzvi yemichina mubazi rokurima aiva azorora basa makore makumi matatu uye aiva ari mukuru kwavari zvishoma.

"Uye hakusi kunaka kwakaita vabereki vake," mbuya vakadaro namanyemwe, "Ava ndivo mhuri yohumambo chaiyo."

"Vabereki vake vapenyu," baba vakabvunza nokukahadzika.

"Hongu vapenyu asi sekuru vake varikurwara zvishomanana," mbuya vakapindura.

Apa pakava nezvinhu zvatakatadza kunzwisisa, asi zvakava pachena mbuya vaiva murudo uye kuti havaizoregedza izvi pasina hondo. Asi vakati vaiva nekunetsekana nomurume wavo uyu nokuti vabereki vake waimurambidza kuroora.

"Ko neiko vachimurambidza?" Takavabvunza.

"Sokuzivakwenyu, ivo varikuti achirimudiki uye haasati ayaruka zvokupinda muwanano," mbuya vakadaro, vachiratidzika kurwadziwa.

"Vari muchokwadi chaicho," mai vakadaro, "Nei muchida kamwana kadiki kane makore makumi masere. Munofanirwa kuwana murume kwaye uye ane tariro yakanaka muhupenyu…"

Mbuya vedu vakava nukusagutsikana kushoma, vachiona kuti rairo idzi dzaiva nechokwadi. Vakataura nababa namai vangu kwenguva refu uye vakagona kuvashandura pfungwa dzavo kuti iyi yaisava nguva yakanaka yokuita wanano iyi uye kuti vaifanirwa kukararira zvimwewo uye zvakanakisisa kupfuura izvi. Pokupedzisira mbuya vakapeta nyaya iyi:

"Kana ndikatadza kuroorwa kwemakore makumi maviri arikutevera, ndichabva ndasiyana nepfungwa iyi. Ndine mvumo yokusarudza, ichi ichokwadi, asi hapana honzero yokumhanyirira izvi. Kuneni, imi mose ndimi makokosha pamberi uye handina mumwezve kunze kwenyu. Mune imwe nzira, dai aiva akakosha aifanirwa kunge akaroora kare…"

"Ndochokwadi chaicho ichocho," baba vakapindura vachigutsikana, vachifema befu rokuva nemufaro mukuru.

"Kukosha kwavo kwakafanana nomukaka hwembudzi yembocho," mai vakadaro

Pfungwa yokuregedza kuenderera mberi newanano yambuya iyi yakafarirwa zvikuru nekudzana kwaiva pachena, Kunyangwe zuvaro vaiva vaitabishibishi nayo. Nokuti, chokwadi, paisava nehonzero yokukasikira kuroora murume uyu.

AN IMPORTANT CONVERSATION WITH DAD

I really liked this blonde little girl at school. And of course, my mother wouldn't be a good mom if she didn't notice a change in my behavior and she automatically knew what it was all about.

"I'm so happy! My son is getting married! And yes, you are the one to get married first because you're older." Said my mom.

"Please mom, don't be like them." I tried to protect myself. "Don't you see I'm studying?" I said.

"You're not studying; you're just holding that book in your hands and you've been staring at the ceiling for almost an hour. Could somebody tell me where your intelligence has perished; if you still have any of it!"

Then my brother came and I knew he wouldn't tell a secret you confide in him for anything you offer him. He went closer to our mom with the intention of disclosing the secret of which girl I was thinking about. At first I couldn't believe what was going on but then I just observed what was going on, as cool as a cucumber.

"Old lady, I'll explain everything about his darling and whose daughter she is. Do you know that uncle Steve that runs that auto mechanic shop?" My brother said.

"Is that the shop at the end of the town, there behind the market?" Our mother asked.

"That's right." My brother confirmed.

"And his wife works at the shoe store?" Our mother asked again.

"You see you know." My brother confirms and nods his head.

I am just listening to all this and sitting next to them but I do not comprehend what's going on because the people they are mentioning had no connection to the girl.

"Well, that's a good family." My mom just noticed in a formal manner.

"Yes they are nice people, but their daughter has nothing to do with this, but completely another girl!" My brother said and smirked playfully.

"Oh, come on, go to your room. I don't want to listen to you anymore!" Mom said. "You are completely the same!" Our mother said and closed the kitchen door. She understood that my brother was leading her to a wrong track and thus she left me alone.

However, that was not all. The news has, obviously, reached my father very quickly and he takes everything for granted. He probably thought that it was about some serious stuff, or who knows about what and he was extremely serious when he started his lecture in a confidential voice:

"My son, I know how you feel. I went through that long time ago and I understand you very well. Now, listen to me very carefully. All that glitters is not gold and don't trust her, especially if she's lying to you. Everybody should know and perform their duties! If you allow your mother-in-law to get involved, then your marriage is a lost case!"

"Hey dad, what are you talking about?" I tried to stop my father who got carried away and became very serious. It all sounded to me a bit funny and half of that I didn't understand.

But that didn't stop him from continuing.

"They are all the same and that is why you should bang your fist on the table! And how much is three plus three? Let me hear…"

"That's two trees." I said.

"That's not true. It's six! See, you have no idea, you little hoodlum and you want to win girls!" My father said and added:

"Nobody could ever cope with them, and how are you going to do that when you're still wiping off your nose by your sleeve? My son that is a big dark irony where the only feeling you could expect is regret. I've experienced numerous things and there's nothing I'm not acquainted with."

"So, may I ask you something if you know everything?" I said.

"Go ahead, ask!" My father replied.

"When is Barcelona playing?"

"I think tomorrow!"

That's how the conversation with my father on the topic of First love ended. Soon I realized that it was just like in the dumb show game.

However, it didn't prevent us from starting a little chat.

HURUKURO YAKAKOSHA NABABA

Ndaida kamwe kamusikana kane bvudzi regoridhe kunaka kuchikoro. Uye zvechokwadi, mai vaisava mai kwavo dai vasina kuzviona izvi, kuchinja kwandakaita uye vakabva vaziva pakarepo kuti izvi zvaiva nendava yei.

"Ndinofara zvikuru. Mwanakomana wangu avekuwana mukadzi. Uye hongu, ndiwe unofanirwa kuroora pakutanga nokuti ndiwe mukuru," vakadaro mai vangu.

"Ndokumbirawo mai musaita sevamwe avo," ndakayedza kuzvidzivirira, "Hamusikuona kuti ndiri kuverenga mabhuku here,' ndakadaro.

"Hausikuverenga iwe, wakangotakura bhuku iro mumaoko ako uye wakangotarisa denga remba kweAwa chaiyo, pane here anogona kundiudza kwapararira pfungwa dzako dzakapinza, kana uchine kana imwezvayo!"

Batya rangu rakabva rasvika uye ndakaziva haafumira pfimbi yangu kana vamubhadhare sei. Akaenda pedyo namai kunge aida kuvaudza chokwadi chokuti ndoupi musikana wacho wandaifunga. Pokutanga ndakakatyamadzwa nezvaiitika izvi asi ndakazoziva zvaiitika, zvinofadza kunge magaka.

"Muchembere ndichakuudzai zvese zviri pamusoro pomudiwa wake uye mwanasikana waani. Munomuziva here sekuru Steve vaye vane garaji remota," batya rangu rakadaro.

"Ndiyo here shopu iri kumapeto kweguta, uku kushure kwemusika wekutengera zvokudya?" mai vakabvunza.

"Hongo chokwadi," batya rangu rakabvuma.

67

"Uye mukadzi wake anoshanda mushopu yeshangu?" Mai vedu vakabvunzazve.

"Mazvionaka kuti munomuziva," batya rangu rakabvumira richigutsirira musoro.

Ini ndichinzwa hangu zvese izvi ndakagara padyo navo asi handisikubata zvirikuitika apa nokuti vanhu vaitaurwa vaisava nezvekuita nomusikana wandaida.

"Hekani, imhuri yakanaka iyi," mai vakadaro zvavo vasina hanya nazvo maningi.

"Hongu vanhu vakanaka ava, asi mwana vavo haana basa neizvi, asi mumwe musikana," batya rakadaro akanyenama zvake nokufara.

"Yowe, ibvapo, enda kumba yako. Handichada kukuteerera zvakare," mai vakadaro, "Makangofanana mese," mai vakadaro vakavhara gonhi reimba rokubikira. Vakaziva kuti batya rangu raiva ravarasisa saka vakasiyana neni.

Asi, hazviso zvega, nhau iyi, zvechokwadi yakasvika munzeve dzababa zvisina chokwadi vakazvitora kunge chokwadi. Pamwe vakafunga zvaiva zvechokwadi, ndiani angaziva asi vakava nokubatikana kukuru nenyaya iyi vakatanga kundidzidzisa neizvi rine dzidziso hombe.

"Mwana wangu, ndinoziva zvaunonzwa. Nakapfuura muneizvi makore apfuura akawanda uye ndonyatsokunzwisisa. Nguva ino, nyatsoteerera kwandiri zvikuru. Hazvisi zvose zvinotaima zviri ndarama uye usavimbe naye, kunyanya vachikunyepera, munhu wese anofanirwa kuziva nokuita basa rake. Ukabvumira ambuya vako kuti vapindire muwanano yako, wanano yako achiparara nokurasika."

"Ko nhai baba, chiiko chamurikutaura nezvacho," ndakayedza kuvanyararidza nokuti vainge varasikisa uye vachirevesa zvavaitaura.

Zvairatidzika kwandiri kunge kutamba uye zvimwe zvacho ndaisatovanzwisisa.

Asi izvi hazvina kuvamisa kuenderera mberi.

"Vose vakafanana vakadzi uye ndosaka uchifanira kurova chibhakera chako patafura. Uye ukabatanidza zvitatu nezvitatu anowana zvinganiko. Ndakamirira mhindura yako…"

"Handiti miti miviri," ndakadaro.

"Hachisi chokwadi icho. Zvinoita zvitanhatu. Waonaka, hauna ruzivo, chidofo, apa urikuda kuwana vasikana," baba vangu vakadaro vachibva vawedzera:

"Hapana neanogona kugara navo, saka uchagona sei kugara navo apa uchiri kupukuta madzihwa negokora yehembe yako. Mwana wangu ichi ndicho chituko chitema chezvinhu uye hapana zvandisingazive."

"Kana muchidaro, ndingakubvunzei zvimwe kana muchiziva zvinhu zvese?" Ndakadaro.

"Enderera mberi, ndibvunze," baba vakapindura.

"Ko iriniko parikutamba Barcelona?"

"Ndofunga mangwana."

Uku ndiko kupera kwakaita hurukuro iyi nababa munyaya iyi yorudo rwangu rwokutanga. Mushure mezvo ndakazoziva kuti zvainge mutambo wemafuza.

Asi, hazvina kutirambidza kutangazve imwe hurukuro diki.

Printed in the United States
By Bookmasters